ORDONNANCE DU ROI,

Portant réglement pour le ſervice du Corps Royal de l'Artillerie.

Du 2 Avril 1759.

DE PAR LE ROI.

SA MAJESTÉ ayant, par ſon ordonnance du 5 novembre de l'année dernière, donné une nouvelle forme au Corps royal de l'Artillerie; Et voulant régler plus particulièrement ce que les Officiers dudit Corps devront obſerver dans la ſuite, tant pour leur ſervice en général, que pour celui qu'ils auront à faire dans les places & en campagne, Elle a ordonné & ordonne ce qui ſuit:

476

DU SERVICE EN GÉNÉRAL.

ARTICLE PREMIER.

LE Corps royal de l'Artillerie conſervera dans l'Infanterie le même rang qu'avoit précédemment le régiment Royal-Artillerie.

II.

LES brigades dudit Corps rouleront entre elles, ſuivant le grade & l'ancienneté du Chef de brigade qui en ſera titulaire, & dont elles porteront le nom.

III.

LORSQUE pluſieurs brigades du Corps royal ſe trouveront enſemble, le plus élevé en grade, ou le plus ancien à grade égal des Officiers commandant leſdites brigades, les commandera toutes.

IV.

LES Colonels & Lieutenans-colonels du Corps royal de l'Artillerie rouleront entr'eux, ainſi que les Capitaines en premier & en ſecond, de même que les Lieutenans, conformément à ce qui a été réglé pour les Officiers de l'ancien Corps de l'Artillerie & ceux des anciens bataillons dudit Corps, par les articles IV, V, VI & VII de l'ordonnance du 24 février 1757.

V.

LES brigades du Corps royal de l'Artillerie ſeront ſujettes à la même police & diſcipline que les régimens d'Infanterie dans tel endroit qu'elles ſe trouvent.

VI.

AUCUN Soldat de recrue ne pourra être reçû dans les brigades qu'il n'ait cinq pieds quatre pouces, ou s'il n'a que cinq pieds trois pouces ſix lignes, qu'il ne ſoit entre ſeize &

vingt ans, & ne promette un accroiſſement & une force convenables pour être propre à toutes les fonctions dudit Corps; défend Sa Majeſté à tout Capitaine d'admettre aucun Soldat dans ſa compagnie qu'après qu'il aura été agréé par le Chef de la brigade & enrôlé par le Major.

VII.

Il ſera délivré à l'avenir cinq congés d'ancienneté par an à chaque compagnie de cent hommes du Corps royal, & trois à chaque compagnie de ſoixante, lorſque Sa Majeſté en accordera à ſes autres troupes.

VIII.

Ces congés ne pourront être délivrés qu'à la revûe de l'Inſpecteur du Corps, par qui ils ſeront viſés, indépendamment des autres formalités preſcrites par les ordonnances.

IX.

Sa Majesté deſirant que dans la promotion des Soldats aux places de haute-payes, d'Anſpeſſades, de Caporaux & de Sergens, on n'ait aucun égard à l'ancienneté, mais ſeulement à la bonne conduite & à l'application des ſujets, Elle veut que lorſqu'une place de Sergent viendra à vaquer dans une des compagnies des brigades du Corps royal, les douze plus anciens Sergens de la brigade s'aſſemblent pour choiſir parmi tous les Caporaux de ladite brigade trois ſujets propres à remplir la place vacante: ils les préſenteront au Major & au Capitaine de la compagnie dans laquelle la place de Sergent ſera vacante; & ſur le rapport de ces deux Officiers, le Commandant de la brigade nommera celui des trois ſujets propoſés qui lui paroîtra mériter la préférence.

X.

Lorsqu'une place de Caporal viendra à vaquer dans l'une des compagnies des brigades du Corps royal, les huit plus anciens Caporaux de la brigade, & les quatre plus anciens Sergens, s'aſſembleront pour choiſir parmi les Anſpeſſades de la brigade trois ſujets qu'ils préſenteront pour être nommés, comme il eſt dit à l'article précédent pour les Sergens.

X I.

Les compagnies d'Ouvriers ne devant jamais fournir de Caporaux pour être Sergens dans les autres compagnies, lorſqu'il manquera un Sergent dans une compagnie d'Ouvriers, il ne pourra être tiré d'aucune autre, mais l'élection du nouveau Sergent ſe fera toûjours comme il eſt dit à l'article IX, avec cette différence que les ſeuls Caporaux de la compagnie d'Ouvriers concourront pour la place vacante. Il en ſera de même pour la nomination aux places de Caporaux qui viendront à vaquer dans ladite compagnie.

X I I.

Lorsqu'il vaquera une place d'Anſpeſſade, les ſix Sergens & les ſix Caporaux de la compagnie dans laquelle elle ſera vacante, s'aſſembleront pour choiſir parmi les Soldats de la plus haute paye de ladite compagnie ſeulement, trois ſujets propres à la remplir; ils les préſenteront à leur Capitaine, qui, d'après l'approbation du Commandant de la brigade, nommera celui qu'il en jugera le plus digne. Il en ſera uſé de même pour la nomination aux places de haute-payes.

X I I I.

Sa Majesté ayant créé quatre compagnies des Soldats Invalides tirés du Corps royal de l'Artillerie, Elle veut & ordonne, conformément à l'article IV de l'ordonnance du 15 décembre 1758, que les Lieutenances deſdites compagnies, à meſure qu'elles viendront à vaquer, ſoient remplies par ceux des anciens Sergens dudit Corps, qui ſeront jugés le plus ſuſceptibles de cette marque de diſtinction, d'après

le

le compte qui en ſera rendu annuellement par les Inſpecteurs du Corps royal, au Secrétaire d'État ayant le département de la guerre.

XIV.

LES emplois de Garde d'Artillerie qui vaqueront, ſeront remplis par des Sergens choiſis dans le Corps royal de l'Artillerie, ou par des conducteurs choiſis de même parmi ceux qui ſerviront ou qui auront ſervi à la ſuite des équipages employés aux Armées; & les places d'Artificiers ſeront remplies par les Artificiers des brigades.

DU SERVICE DANS LES PLACES.

XV.

LES brigades du Corps royal, ſoit qu'elles ſe trouvent ſeules dans les places, ou avec d'autres troupes, y feront le ſervice comme toute l'Infanterie.

XVI.

SA MAJESTÉ trouve bon cependant, qu'elles ne fourniſſent que la moitié du nombre d'Officiers & de Soldats qui ſera demandé aux autres troupes de la garniſon, pour le ſervice de la place, de ſorte qu'une brigade du Corps royal ne fera le ſervice que comme un demi-bataillon.

XVII.

SA MAJESTÉ veut bien auſſi diſpenſer de tout ſervice des places les Capitaines en pied, ainſi que les compagnies d'Ouvriers, les premiers Canonniers & Bombardiers, à moins que la néceſſité du ſervice n'exige de les y employer, auquel cas ils exécuteront ce qui leur ſera ordonné par les Commandans deſdites places.

XVIII.

LES Capitaines, en ſecond & les Officiers ſubalternes

monteront la garde, feront la ronde, & généralement tout le fervice d'Infanterie, ufité dans la place où leur brigade fe trouvera, & ils rouleront à fond avec les Officiers des autres régimens de la garnifon.

X I X.

Les troupes du Corps royal ne devant être détachées hors des places dans lefquelles elles fe trouvent établies, que pour le fervice qui leur eft propre, les Commandans defdites places ne pourront rien exiger d'elles à cet égard, que dans les cas de la néceffité la plus abfolue, & ils feront obligés, lorfque ces circonftances fe préfenteront, d'en rendre compte fur le champ au Secrétaire d'État ayant le département de la guerre.

X X.

Les Chefs de brigade, les Colonels & Lieutenans-colonels du Corps royal de l'Artillerie, fe conformeront pour la vifite des poftes, à ce qui eft prefcrit par les articles DXXXVI, DXXXVII, DXXXIX, DXL & DXLI de l'ordonnance du 25 juin 1750.

X X I.

Tout Officier du Corps royal de l'Artillerie, en arrivant dans la place où il doit fervir, après avoir communiqué fes ordres au Commandant de ladite place & à celui de l'Artillerie, informera de fon arrivée le Secrétaire d'État ayant le département de la guerre, ainfi que le Directeur du département.

X X I I.

Lorsqu'il fera envoyé une brigade ou un détachement du Corps royal dans une place où il fe trouvera un Officier employé pour le fervice dudit Corps, plus élevé en grade, ou l'ancien à grade égal de celui qui commandera ladite brigade ou ledit détachement, alors le commandement en appartiendra ſans difficulté à l'Officier de la direction; mais celui-ci ne pourra cependant intervertir en aucune façon l'ordre, la diſcipline & les détails de la troupe; & pareillement lorſqu'un Officier de la direction ſe trouvera dans le cas de déférer le commandement du Corps royal à un Officier commandant une brigade ou un détachement dudit Corps, ce dernier ne pourra rien changer aux détails particuliers dont ſe trouvera chargé l'Officier de la direction: L'intention de Sa Majeſté étant que tous les honneurs du commandement ſoient attribués dans tous les cas à l'Officier ſupérieur en grade, ou le plus ancien à grade égal, mais que chacun, tant des Officiers attachés aux brigades, que de ceux détachés dans les directions, ſe renferme dans ſes fonctions particulières.

XXIII.

Les Officiers du Corps royal, détachés avec troupe ou ſans troupe, ne feront dans les places que le ſervice de l'Artillerie, Sa Majeſté n'entendant cependant pas les priver du privilége accordé par l'article XIII de l'ordonnance du 25 juin 1750, aux Officiers des troupes françoiſes pour le commandement des places.

XXIV.

L'ordre ſera porté tous les jours dans les places au Commandant du Corps royal, tel qu'il ſoit, par le Major de la brigade, ou par un Aide-major, ſi le Major n'avoit pas pû aller à l'ordre. Il ſera porté par des Aides-majors aux autres Officiers ſupérieurs dudit Corps, & aux Capitaines & Officiers inférieurs par des Sergens. S'il n'y avoit dans la place qu'un détachement du Corps royal, l'ordre ſera porté par un Sergent à celui qui le commandera, de même qu'aux autres Officiers dudit Corps; & quand il n'y aura ni brigade ni détachement dudit Corps, un Sergent de la garniſon le portera seulement à l'Officier qui commandera l'Artillerie en chef dans la place, conformément à l'article CCCXII de l'ordonnance du 25 juin 1750.

XXV.

LES Officiers détachés pour le service de l'Artillerie dans les places, passeront en revûe devant le Commissaire des guerres & du Corps royal, ou celui de la place à son défaut. S'il y a dans la place une brigade du Corps royal, ils se tiendront avec l'Etat-major de ladite brigade, chacun dans le rang dû à leur grade. S'il n'y a qu'un détachement du Corps royal, ils s'y joindront aussi suivant leur grade & leur ancienneté. S'il n'y avoit point de troupe du Corps royal dans la place, le Commissaire des guerres & du Corps royal les verra à l'Arsenal, ou autre lieu connu destiné au service de l'Artillerie; & si la revûe devoit être faite par un Commissaire des guerres qui ne fût pas du Corps royal, ils se trouveront sur la place dans le temps où il fera celle de la garnison.

XXVI.

SA MAJESTÉ ayant jugé à propos de supprimer par les articles XIV & XV de l'ordonnance du 5 novembre 1758, les anciens départemens généraux de l'Artillerie, & une partie des départemens particuliers, ou directions de provinces, Elle veut & ordonne qu'il soit pris de nouvelles mesures pour assurer la conservation des papiers qui existoient précédemment dans les dépôts desdits anciens départemens. En conséquence tous les Directeurs & Sous-directeurs nouvellement établis, dresseront au plus tôt les inventaires les plus exacts & les plus détaillés qu'il sera possible, de tous les papiers concernant le service, qui leur auront été remis ou laissés par les Officiers qu'ils ont remplacés. Ils adresseront copie desdits inventaires au Secrétaire d'État ayant le département

tement de la guerre; & au commencement de chaque année, il lui enverront de même un état particulier de tous les papiers qu'ils auront ajoûtés aux anciens pendant le courant de l'année précédente. Ce que prescrit à cet égard Sa Majesté aux Directeurs & aux Sous-directeurs de l'Artillerie, sera de même observé par les Capitaines en premier & les Capitaines en second du Corps royal, qui se trouvent actuellement & se trouveront dans la suite employés sous leurs ordres dans les places de leurs directions.

XXVII.

TOUT Officier du Corps royal qui se trouvera dans le cas de quitter une place pour passer à une autre destination, laissera tous les papiers concernant le service dont il étoit chargé, à l'Officier qui viendra le remplacer; ils en dresseront un inventaire, dont il sera fait trois copies qu'ils signeront, l'une pour être envoyée au Secrétaire d'État ayant le département de la guerre, l'autre que gardera l'Officier remplacé pour lui servir de décharge, & la troisième qui sera jointe aux papiers de la place.

XXVIII.

TOUT Officier du Corps royal qui recevra des ordres pour s'absenter momentanément du lieu de sa résidence, ou qui sera obligé d'en partir avant l'arrivée de l'Officier nommé pour le remplacer, laissera les papiers dont il étoit chargé, avec leur inventaire, au plus ancien des Officiers dudit Corps qui auront été employés sous ses ordres dans la même place, pour être remis par lui à son successeur; & dans les places où il ne se trouvera qu'un seul Officier du Corps royal, lorsqu'il sera obligé d'en partir avant d'avoir été remplacé, il déposera chez le Major de la place lesdits papiers renfermés sous un scellé qui ne pourra être levé que par le ſucceſſeur dudit Officier du Corps royal ; & dans l'un & l'autre cas, l'inventaire deſdits papiers ſera toûjours adreſſé au Secrétaire d'État ayant le département de la guerre, par l'Officier qui les aura laiſſés.

XXIX.

ORDONNE Sa Majeſté qu'après la mort d'un Officier du Corps royal, réſidant dans une place, le ſcellé ſera appoſé ſur les papiers concernant le ſervice dont il étoit chargé, par le Major, & à ſon défaut par l'Aide-major de la place, en préſence des autres Officiers du Corps royal qui ſe trouveront employés dans la même réſidence, & ledit ſcellé ne pourra de même être levé qu'en leur préſence ; il ſera dreſſé alors, de concert entre leſdits Major ou Aide-major & Officiers du Corps royal, un inventaire deſdits papiers, dont il ſera envoyé une copie au Secrétaire d'État ayant le département de la guerre. Lorſqu'il ne ſe trouvera point d'Officier du Corps royal dans la place, le Major, après avoir appoſé le ſcellé ſur leſdits papiers, ſera tenu d'en avertir ſur le champ le Directeur ou le Sous-directeur de l'Artillerie du département, qui enverront ſur les lieux un Officier pour retirer leſdits papiers, & le ſcellé ne pourra être levé qu'en préſence dudit Officier.

XXX.

CHAQUE Directeur adreſſera tous les ans, dans le courant du mois d'octobre, au Secrétaire d'État ayant le département de la guerre, les projets des différens ouvrages & réparations à faire, tant aux attirails qu'aux bâtimens de l'Artillerie des places de ſa direction ; & il joindra auxdits projets les plans, profils, élévations qui pourront être néceſſaires pour l'entière connoiſſance des ouvrages propoſés.

XXXI.

LORQU'IL aura reçû l'état des ouvrages ordonnés par le Roi pour l'année ſuivante, il en enverra des copies collationnées par lui au Sous-directeur de ſon département & aux Capitaines qui, dans quelques places, pourront ſe trouver dans le cas de conduire l'exécution deſdits ouvrages; ceux-ci en dreſſeront les devis & conditions, conformément à chacun des articles portés dans les états qui leur auront été adreſſés, & ces devis ſeront envoyés par le Directeur au Secrétaire d'État ayant le département de la guerre, qui donnera les ordres néceſſaires aux Intendans des provinces pour paſſer les marchés des objets qui pourront en être ſuſceptibles.

XXXII.

TOUT Officier du Corps royal qui ſe trouvera chargé dans une place de la conduite des ouvrages de l'Artillerie, adreſſera tous les mois au Directeur du département, un mémoire pour lui rendre compte de l'avancement deſdits ouvrages, & le Directeur en rendra compte au Secrétaire d'État ayant le département de la guerre.

XXXIII.

IL ſe conformera avec la plus grande exactitude à l'état des ouvrages ordonnés, & ne pourra, ſous quelque prétexte que ce puiſſe être, porter un fonds, en tout ou en partie, d'un article à l'autre ſans un ordre ſupérieur.

XXXIV.

DÉFEND auſſi Sa Majeſté aux Directeurs de l'Artillerie, & à tous autres Officiers du Corps royal, chargés ſous leurs ordres de l'exécution des ouvrages, d'en entreprendre aucun ſans un ordre ſupérieur. Elle excepte cependant de cette règle tout ce qui ne pourroit pas être différé ſans préjudicier évidemment à ſon ſervice, à la conſervation ou à la ſûreté des munitions & effets de l'Artillerie & à celle des bâtimens qui en dépendent. Les Directeurs, & même les Officiers employés ſous leurs ordres dans les places de leurs directions, pourront prendre ſur eux, dans ces cas urgens, de faire travailler aux réparations dont il ſera queſtion, mais ils en rendront compte ſur le champ au Secrétaire d'État ayant le département de la guerre, lui feront connoître la néceſſité du parti qu'ils auront pris, & lui enverront l'eſtimation de la dépenſe à laquelle pourront monter leſdites réparations.

XXXV.

LORSQUE les ouvrages concernant les bâtimens deſtinés au ſervice de l'Artillerie ſeront achevés, les Officiers du Corps royal qui en auront conduit l'exécution, en feront, en préſence des Entrepreneurs, le toiſé général & définitif, qu'ils ſigneront & dont il ſera fait un extrait ſur le champ pour former l'état apoſtillé définitif, que le Directeur enverra en même temps que ſes projets au Secrétaire d'État ayant le département de la guerre. Il ſera formé & envoyé également un état de toutes les dépenſes relatives aux attirails & aux autres parties du ſervice de l'Artillerie dans les arſenaux.

XXXVI.

LES Directeurs de l'Artillerie viſiteront, au moins une fois tous les ans, les arſenaux des places de leurs directions, & choiſiront pour cette tournée le courant du mois de ſeptembre, pour qu'ils puiſſent voir l'exécution des ouvrages faits pendant ladite année, & faire, de concert avec les Officiers employés dans chaque place, les projets & eſtimations des ouvrages à faire l'année ſuivante.

XXXVII.

LES Capitaines employés dans les places ne pourront

proposer directement aucun ouvrage au Secrétaire d'État ayant le département de la guerre: Ils rendront compte aux Directeurs; & en leur absence, aux Sous-directeurs des départemens dans lesquels ils seront employés, de tout ce que le service de l'Artillerie paroîtra exiger dans les lieux de leur résidence; & d'après leur rapport, lesdits Directeurs ou Sous-directeurs proposeront eux-mêmes au Secrétaire d'État ayant le département de la guerre, ce qu'ils jugeront convenable.

XXXVIII.

NUL Officier du Corps royal ne pourra s'absenter du lieu de sa résidence, sous quelque prétexte que ce puisse être, sans un congé du Roi, signé du Secrétaire d'État ayant le département de la guerre, ou sans la permission de son Directeur ou autre Officier, sous les ordres duquel il sera employé; & celui-ci ne sera autorisé à la lui donner que pour quinze jours au plus, & en en donnant avis sur le champ au Secrétaire d'État ayant le département de la guerre.

XXXIX.

AUCUN Officier dudit Corps, soit qu'il ait reçû des ordres du Directeur du département, pour passer d'une place à une autre, soit même qu'il lui ait été ordonné par le Secrétaire d'État ayant le département de la guerre, de se rendre à une nouvelle destination, ou qu'il ait obtenu une simple permission de son Directeur, de s'absenter, ou même un congé de Sa Majesté, ne pourra quitter aussi le lieu de sa résidence, sans la permission du Commandant de la place, conformément à l'article DXLVIII de l'ordonnance du 25 juin 1750.

XL.

TOUT Officier du Corps royal, commandant l'Artillerie dans une place, tiendra la main à ce que le Garde-magasin de ladite Artillerie remplisse exactement les devoirs de son emploi; il veillera particulièrement à ce qu'il ne fasse aucune espèce de remise ou de livraison sans son ordre, ou sans des ordres supérieurs qui seront toûjours présentés audit Commandant de l'Artillerie, pour être visés par lui.

XLI.

LESDITS Officiers auront soin aussi d'informer régulièrement leurs Directeurs, de la conduite, de l'application & de la capacité desdits Gardes-magasins, & ils en rendront compte aux Inspecteurs du Corps royal dans chacune de leurs tournées.

XLII.

LES Directeurs de l'Artillerie tiendront la main à ce que tous les Officiers du Corps royal employés sous leurs ordres, remplissent les fonctions qui leur sont ou pourront leur être confiées: Ils veilleront à leur conduite, s'attacheront à exciter leur zèle & leur émulation, à développer leurs talens, à s'assurer sur-tout de celles des différentes parties du service de l'Artillerie, auxquelles chacun d'eux paroîtra le plus propre, & ils en rendront compte à la fin de chaque année au Secrétaire d'État ayant le département de la guerre.

XLIII.

LES Inspecteurs généraux du Corps royal jouiront dans toutes les places du département qui leur aura été assigné, de tous les honneurs attribués aux autres Inspecteurs généraux des troupes, conformément aux articles V & DI de l'ordonnance du 25 juin 1750.

XLIV.

LORSQU'ILS feront leurs tournées, les Directeurs de leurs départemens les informeront de tout ce qui aura rapport au service de l'Artillerie des places de leurs directions, leur donneront communication de tous les papiers qui leur seront confiés, & les accompagneront, s'il est nécessaire, dans les places de leurs directions : Lesdits Inspecteurs rendront compte ensuite au Secrétaire d'État ayant le département de la guerre, de tous les détails dont ils auront pris connoissance; ils recevront de lui, sur chacun de ces objets, les ordres nécessaires, & ils auront soin de les faire exécuter.

X L V.

Sa Majesté défend, sous les peines les plus graves, à tous les Officiers du Corps royal, de communiquer à qui que ce puisse être, sans un ordre exprès du Secrétaire d'État ayant le département de la guerre, les papiers concernant l'Artillerie, ni les plans qui pourront leur avoir été confiés.

DU SERVICE EN CAMPAGNE.

X L V I.

Lorsqu'il sera question de mettre un équipage d'Artillerie en campagne, l'Officier nommé pour le commander, celui qui sera chargé de la direction du parc, & tous ceux des Officiers employés dans les directions, qui seront destinés à servir à sa suite, se rendront dans la place où il se formera, aideront à sa composition & resteront attachés pendant toute la campagne audit équipage jusqu'à ce qu'il soit licencié.

X L V I I.

Les Officiers du Corps royal qui auront été tirés des directions pour être attachés à l'équipage, feront dans le lieu de l'assemblée le service de la place, pendant tout le temps qu'ils y resteront, en attendant le départ dudit équipage; Sa Majesté n'en dispensant que ceux qui seront employés à la division du parc, & ceux qu'Elle en a déjà dispensé par l'article XVII.

XLVIII.

Le Major de la brigade du Corps royal qui ſera employé à l'armée, ou le plus ancien en date de commiſſion de Capitaine des Majors des brigades qui pourront s'y trouver réunies, ſera tout à la fois Major de brigade & Major dudit équipage; il jouira en conſéquence de toutes les prérogatives anciennement accordées aux Majors de l'Artillerie, particulièrement de celle de prendre chez le Général de l'armée, du Maréchal de camp de jour, le mot & l'ordre qu'il portera au Commandant de l'équipage ſeulement.

XLIX.

Il ſera traité comme tous les autres Majors de brigade d'Infanterie.

L.

Le Commandant de l'équipage propoſera au Secrétaire d'État ayant le département de la guerre, le nombre de Capitaines en ſecond & Lieutenans en premier, qu'il jugera néceſſaire pour ſervir d'Aides audit Major, & lui indiquera en même temps ceux qu'il croira les plus propres pour cette deſtination.

LI.

Ledit Major formera un état des Officiers tirés des directions & de tous les employés à la ſuite de l'équipage, pour en remettre le livret au Commiſſaire des guerres & du Corps royal, & s'employer à leur procurer le payement de leurs appointemens & la fourniture de leur ſubſiſtance près du Tréſorier & des Munitionnaires.

LII.

Il tiendra à cet effet des regiſtres de recette & de dépenſe pour chacun deſdits Officiers & Employés, ainſi que pour toutes les diſtributions, auxquels il enverra un de ſes Aides

pour

pour lui en rapporter les feuilles & en former un état général pour toute la campagne.

L I I I.

Il aura, conjointement avec le Directeur du parc & le Commissaire des guerres & du Corps royal, la police sur tous les Employés, tels que le Garde-magasin du parc, les Conducteurs, Ouvriers d'état, Artificiers, Charretiers, &c.

L I V.

Il aura toûjours un état de situation des pièces & munitions d'Artillerie de toute espèce qui seront à l'équipage, avec le nombre & la qualité des voitures, pour pouvoir en rendre compte en toute occasion au Commandant dudit équipage, & répondre à toutes les questions qui pourroient lui être faites à ce sujet par le Général de l'armée.

L V.

Il accompagnera le Commandant de l'équipage dans toutes ses tournées, pour recevoir & rendre ses ordres.

L V I.

Le premier soin du Commandant de l'équipage en arrivant au lieu de l'assemblée, sera de former le partage, tant des Officiers que des différentes bouches à feu dudit équipage, en un nombre convenable de Divisions, qui porteront ce nom dans la suite, au lieu de celui de Brigades qu'elles portoient précédemment: il réunira chez lui pour cet effet les principaux Officiers du Corps royal qui se trouveront audit lieu d'assemblée; il arrangera avec eux lesdites divisions, & en dressera un état, qu'ils signeront & qui sera envoyé par le Commandant de l'équipage au Secrétaire d'État ayant le département de la guerre, pour être approuvé par le Roi; & en attendant l'approbation de Sa Majesté, on se conformera ſans difficulté pour le ſervice de l'équipage, à la diſpoſition propoſée.

L V I I.

TOUS les Officiers des compagnies d'Ouvriers ſeront toûjours attachés à la diviſion du parc; & lorſqu'ils ne ſuffiront pas pour en remplir le ſervice, le Commandant de l'équipage leur adjoindra ceux qu'il jugera à propos de choiſir, tant dans les brigades du Corps royal que dans le nombre des Officiers tirés des directions.

L V I I I.

LES Officiers qui auront été affectés à une diviſion de bouches à feu, y reſteront, autant qu'il ſera poſſible, pendant tout le cours de la campagne, pour qu'ils puiſſent donner une attention plus ſuivie à l'entretien des pièces dont elle ſera compoſée.

L I X.

ILS feront tous les jours une viſite exacte deſdites pièces, de leurs voitures & munitions, & fourniront au Directeur du parc, ainſi qu'au Major, l'état des réparations dont elles pourront avoir beſoin. Ils verront dans les marches parquer tous les ſoirs leur diviſion & auront ſoin qu'elle ſoit diſpoſée ſuivant l'ordre de ſa marche & dans l'emplacement qui aura été déſigné par le Directeur du parc.

L X.

LES Officiers généraux & les Brigadiers du Corps royal, qui ſeront pourvûs de lettres de ſervice, feront une fois pendant la campagne, ainſi que les Colonels & les Lieutenans-colonels dudit Corps, le ſervice de l'armée, ſuivant leurs grades.

L X I.

LES brigades du Corps royal & leurs détachemens, ne pourront jamais être employés au ſervice de la ligne; elles continueront de camper, fuivant l'ufage ordinaire, au parc de l'Artillerie.

L X I I.

On fe conformera pour les convois d'Artillerie & leurs efcortes, à ce qui eft porté par les articles CCCXLIV & CCCXLV de l'ordonnance du 17 février 1753, & par l'article LII de celle du 24 février 1757.

L X I I I.

L'ÉQUIPAGE d'Artillerie étant en marche, fera toûjours précédé d'un détachement des compagnies d'Ouvriers, pour ouvrir & préparer les chemins.

L X I V.

CHAQUE divifion de bouches à feu fera particulièrement accompagnée d'un peloton, compofé du nombre de Sergens & de Soldats néceffaire pour le fervice, lequel peloton fera alternativement commandé par la moitié des Officiers attachés à ladite divifion, la totalité ne devant s'y trouver que dans le cas de détachemens ou d'affaires générales.

L X V.

IL fera commandé tous les jours un Lieutenant du Corps royal, pour être envoyé près du Général de l'armée, & y refter à portée de recevoir les ordres qu'il pourroit avoir à donner concernant le fervice de l'Artillerie; cet Officier fera relevé toutes les vingt-quatre heures.

L X V I.

LE jour d'une bataille, le Commandant de l'Artillerie, après toutes les reconnoiffances relatives aux difpofitions & aux manœuvres de ladite Artillerie, en rendra compte au Général de l'armée, & fe tiendra à portée de recevoir fes ordres & d'en donner où il fera néceffaire; il fera accompagné du Major de l'équipage & de fes Aides.

LXVII.

Il diſtribuera, d'après les ordres du Général, tous les Officiers principaux de l'équipage, dans les différentes poſitions où ils auront été jugés néceſſaires.

LXVIII.

Quand le ſiége d'une place aura été déterminé, le Commandant de l'équipage, après avoir donné les ordres néceſſaires pour les différens approviſionnemens de l'Artillerie, reconnoîtra les lieux les plus avantageux pour l'établiſſement du parc & des dépôts généraux & particuliers, relativement au front d'attaque, & il en rendra compte au Général de l'armée.

LXIX.

La tranchée étant ouverte, il ira tous les jours chez le Général de l'armée pour l'informer du progrès des travaux de l'Artillerie, lui propoſer la conſtruction des batteries, ſuivant les poſitions qu'il aura reconnues, & recevoir ſes ordres en conſéquence.

LXX.

Les Officiers généraux, Brigadiers, Colonels & Lieutenans-colonels employés ſous les ordres du Commandant de l'équipage, à l'exception ſeulement du Directeur du parc, rouleront enſemble pour le ſervice de la tranchée; ils ſeront alternativement commandés pour viſiter & faire exécuter les travaux ordonnés par ledit Commandant, & pourvoieront à tout ce que des circonſtances imprévûes pourroient exiger. Ces Officiers ſeront relevés toutes les vingt-quatre heures.

LXXI.

Toutes les diviſions ſeront commandées à leur tour pour la conſtruction des batteries, ſelon le rang d'ancienneté de leurs Chefs.

LXXII.

LXXII.

La moitié de chaque division marchera à la fois pour la construction de la batterie dont elle sera chargée, & le Chef de la division ne sera relevé que lorsque la batterie aura tiré. Alors le Commandant de l'équipage réglera, selon le besoin, le nombre d'Officiers qui devront s'y relever toutes les vingt-quatre heures.

LXXIII.

Quelque nombre de batteries que puisse avoir à établir chaque division dans un même siége, la division du parc n'en fera qu'une seule, & prendra rang suivant la date du plus ancien des Capitaines en premier qui entreront dans sa composition.

LXXIV.

Lorsque les batteries auront besoin de communications avec la tranchée, ces communications seront dirigées par les Officiers du Corps royal employés auxdites batteries, & exécutées par les Travailleurs de l'Artillerie.

LXXV.

Les détachemens des bataillons, adjoints pour le service de l'Artillerie aux brigades du Corps royal, seront, ainsi que ceux desdites brigades, commandés tous les jours par le Major de l'équipage; & lorsque ces troupes ne suffiront pas, il donnera au Major général de l'armée, un état des Travailleurs extraordinaires qu'il sera nécessaire de tirer de la ligne.

LXXVI.

Le Major de l'équipage tiendra un registre des Travailleurs qu'il emploiera, en distinguant ceux que chaque troupe aura fourni, & la nature de l'ouvrage auquel ils auront été employés, afin de ne pas confondre la dépenſe des batteries avec d'autres objets.

LXXVII.

Il tiendra note, dans le même regiſtre, du jour de l'emplacement des batteries, du nombre & de la qualité des bouches à feu dont elles ſeront compoſées, de leur direction, du jour auquel elles auront commencé à tirer, & du jour auquel elles auront ceſſé.

LXXVIII.

Il enverra, tous les matins, pendant toute la durée du ſiége, un de ſes Aides à l'Officier principal du Corps royal qui ſera de tranchée, pour viſiter avec lui les batteries, prendre dans chacune l'état des détachemens & des munitions dont elle pourroit avoir beſoin dans le cours de la journée, & le lui rapporter.

LXXIX.

Les batteries ſeront relevées deux heures avant la nuit. Le premier ſoin des Officiers arrivans, ſera d'examiner les directions deſdites batteries; ils prendront connoiſſance de tout ce qu'elles pourront exiger pendant la nuit, & les Officiers relevés en rapporteront un état au Directeur du Parc.

LXXX.

Il ſera commandé tous les jours un Sergent avec trois Ouvriers en bois & trois Ouvriers en fer pour être envoyés à la tranchée; ils viſiteront toutes les batteries, & y feront les réparations qui pourront s'exécuter ſur les lieux. Cette eſcouade ſera relevée toutes les vingt-quatre heures.

LXXXI.

Le Commandant de l'équipage rendra compte journellement au Secrétaire d'État ayant le département de la guerre, du progrès de l'Artillerie, & lui fera connoître par des plans, la poſition de toutes les batteries & les directions de leurs feux.

L X X X I I.

QUAND la place ſera ſur le point de ſe rendre, le Commandant de l'équipage propoſera au Général de l'armée, les Officiers du Corps royal qui devront aller reconnoître & mettre en ordre les magaſins, & tout ce qui concerne l'Artillerie de la place.

L X X X I I I.

LESDITS Officiers y ſeront inſtallés par l'Officier principal du Corps royal qui ſera détaché le jour de la reddition de la place; & le Commiſſaire des guerres & du Corps royal s'y trouvera en même temps.

L X X X I V.

ON procédera ſur le champ, ſuivant l'uſage ordinaire, à la reconnoiſſance & à l'inventaire des effets & munitions d'Artillerie qui ſeront dans la place; & l'Officier principal du Corps royal, ſous les ordres duquel s'exécuteront tous les arrangemens relatifs, reſtera dans la place juſqu'à la clôture de l'inventaire.

L X X X V.

AUSSI-TOST que le Commandant de l'équipage aura reçû ledit inventaire, il en adreſſera copie au Secrétaire d'État ayant le département de la guerre.

L X X X V I.

VEUT au ſurplus Sa Majeſté que ſes anciens réglemens concernant le ſervice du Corps royal, & les fonctions des Officiers chargés du commandement & des différens détails des équipages d'Artillerie, continuent d'être exactement obſervés en ce qui n'a rien de contraire à la préſente.

MANDE & ordonne Sa Majeſté aux Gouverneurs &

ſes Lieutenans généraux, Commandans en ſes provinces & armées, aux Commandans particuliers de ſes villes & places, aux Directeur général & Inſpecteurs généraux du Corps royal de l'Artillerie, aux Chefs de brigades, Colonels, Lieutenans-colonels dudit Corps, & à tous autres ſes Officiers qu'il appartiendra, de tenir la main à l'exécution de la préſente ordonnance, & de s'y conformer ſans difficulté. FAIT à Verſailles le deuxième avril mil ſept cent cinquante-neuf. *Signé* LOUIS. *Et plus bas*, LE M.AL DUC DE BELLE-ISLE.

A PARIS,
DE L'IMPRIMERIE ROYALE.

M. DCCLIX.

www.ingramcontent.com/pod-product-compliance
Ingram Content Group UK Ltd.
Pitfield, Milton Keynes, MK11 3LW, UK
UKHW021042260726
13994UKWH00005B/2320

9 782329 336992